# Cache-Cache
# gorill

Relie dans l'ordre les lettres de l’alphabet pour découvrir Bob, le héros de l’histoire.

Super !

Maintenant, lis ces mots qui font « b ».

| | | |
|---|---|---|
| boa | babiole | bonbon |
| biberon | babouin | bébé |
| bêta | barbe | bouder |

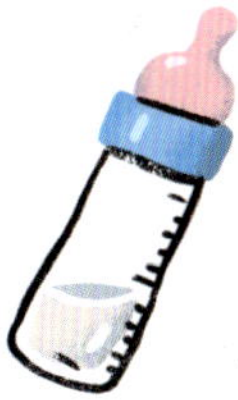

Que fait Bob ?

– Il boit un biberon ?

– Il gobe un bonbon ?

– Il brave un boa ?

– Il boude comme un bêta ?

**Bravo !**

Allez, on respire !

**fi fa fe fu fo fa fi fu fo fa fe fu**

On va au zoo ?

Observe les lettres dans les ronds et relie-les au bon mot.

**crocodile** **lion** **gorille**

Quel bazar !

On dirait que Bob et le gardien ont échangé leurs places...

Pour retrouver le titre de ton histoire, utilise le code.

O = 🍌 / C = 🍦 / I = 🔑

🍦A🍦HE-🍦A🍦HE G🍌R🔑LLE

On fait du bruit
pour se détendre ?

**grrra grrrou grrru grrron grraou**

**Quelle histoire !**

Au zoo,  s'est enfui de sa cage.

Mais ce n'est pas si facile de se cacher !

Pour échapper au ,

Bob va devoir être futé !

**Bob va-t-il y arriver ?**

Et maintenant, ton histoire !

# Cache-Cache gorille

Une histoire de Valérie Cros,
illustrée par Thierry Bedouet.

Au zoo, c'est jour de ménage.
Bob le gorille a sa cage qui brille.
Oh ! L'équipe de nettoyage a oublié
de refermer la porte à clé !
« Tiens, tiens... se dit le gorille.
Je file ! »

Soudain… **TRIIIIT !**
Le gardien souffle
dans son sifflet.
Bob est **repéré** !

Pour ne pas être
rattrapé, Bob se déguise
en vendeur de glaces.
Mais ses gros bras poilus
font peur aux enfants.

– Ici ! crie
le gardien, **alerté**.

– Raté, dit Bob. Je file !

Pour passer inaperçu,
Bob pense : « Je vais
faire la statue. »

Mais il se retrouve bombardé
de crottes de pigeon sur le nez.
– Beurk ! dit Bob. Je file !

Dans sa course, Bob **manque de** renverser une vieille dame.
– La voilà, mon idée ! s'écrie Bob en attrapant la canne de la dame. Je vais me faire passer pour une mémé !

Mais la mémé connaît le karaté.
– Ma canne ! **Gougnafier** !
crie la mémé en essayant
de l'assommer.

– Trop dangereux !
dit Bob. Je file !

**B**ob plonge dans
la mare aux crocodiles.
Mais les crocodiles sont féroces !
– Au secours ! hurle Bob
en sortant de l'eau. Je file !

Bob n'a plus qu'une solution :
se réfugier avec les lions.
Avec les lions ?

– Aïe ! Aïe ! Aïe ! regrette
Bob en essayant d'échapper
aux fauves affamés. Je file !

Enfin, Bob a une idée,

une idée de génie !

– Je vais me déguiser en gorille ! s'exclame Bob en retournant dans sa cage.

Clic-clac ! Le gardien, qui n'était pas loin, referme la porte à clé.

– Oups ! dit Bob.
Je ne peux plus filer...

– Le surnom
de cet animal
est bien mal choisi !
soupire le gardien
en redressant la pancarte
accrochée à la cage.



**Fin**

Tu as aimé ?
Oui ?
Chouette alors !
Allez, maintenant, on se détend !
Tourne la page...

# Comptine

À chanter sur l'air
d'*Il court, il court, le furet.*

Il file, il file, le gorille,
le gorille du zoo,
il court, il court, le gardien,
pour arrêter ce coquin.
Il est passé par ici,
les lions féroces ont rugi.
Il repassera par là,
regarde bien derrière toi.
Le gorille est bien caché,
pourras-tu le retrouver ?

1, rond-point du Général-Eisenhower, 31101 Toulouse Cedex 9, France
editionsmilan.com
Loi 49.956 du 16.07.1949 sur les publications
destinées à la jeunesse.
Dépôt légal : 2e trimestre 2016
ISBN : 978-2-7459-7824-0
Imprimé en Roumanie par Canale